Vie
de
Saint Bernard

Vie
de
Saint
Bernard

LA VIERGE DE L'ÉGLISE DE FONTAINES.

Vierge en [illegible] de l'église de Fontaines [illegible]

O clemens! ô pia! ô dulcis Virgo Maria!

SAINT BERNARD est né en 1091, à Fontaines-les-Dijon, en Bourgogne.

Son père était TESCELIN, seigneur de Fontaines, fils de VERRICUS, comte de Châtillon et seigneur de Laignes, descendant d'une famille ancienne de chevaliers de renom; on l'avait surnommé TESCELIN LI SAUR ou le MAIGRE (*), pour le distinguer de son frère, Tescelin de Poligny. Les ducs de Bourgogne, voulant reconnaître la valeur et la

(*) D'autres l'ont désigné sous le surnom de *Sorus*, le rougeâtre, le roux.

fidélité de Tescelin, lui avaient confié la garde du château fortifié de Fontaines, qui défendait, comme celui de la ville de Talant, les abords des tours de Dijon.

Le village de Fontaines est situé à deux kilomètres au nord de cette dernière ville, sur un petit mamelon au pied duquel sort au midi la fraiche fontaine qui lui a donné son nom. A l'ouest du sommet de ce mamelon, d'où la vue embrasse un des plus magnifiques panoramas, a été construit le château-fort où est né saint Bernard.

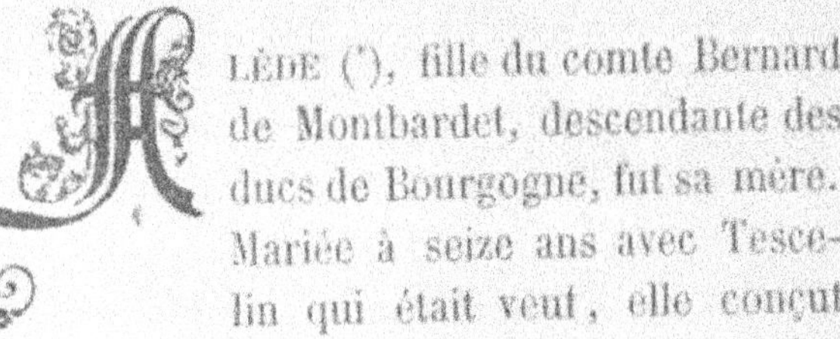

LÈDE (*), fille du comte Bernard de Montbardet, descendante des ducs de Bourgogne, fut sa mère. Mariée à seize ans avec Tescelin qui était veuf, elle conçut une grande vénération pour saint Ambrosinien

(*) *Aalays, Aledis, Alède*, abréviation bourguignonne du nom *Adélaïde*, et par corruption dans l'accent germanique *Aleth*, *Alèthe*.

par suite de la guérison miraculeuse de son mari. — Tescelin était l'un des soixante-dix seigneurs appelés, en 1076, à l'honneur d'accompagner dans un pèlerinage au Saint-Sépulcre, Raynard, comte de Bar, évêque de Langres (*) : tombé gravement malade pendant son voyage, il fut guéri en ayant recours à l'intercession de l'évêque d'Arménie, dont l'empereur de Constantinople lui avait envoyé des reliques.

Pour honorer et perpétuer le souvenir de cet événement, Alède obtint du pape l'autorisation de fonder au sommet de Fontaines, devant le château, une chapelle où l'on honorerait ces reliques.

La paroisse de ce village était alors l'abbaye Saint-Martin-des-Champs, située à l'est de Fon-

(*) Raynard, évêque de Langres, rapporta de Jérusalem un bras de saint Mammès, et à partir de ce pèlerinage, la main de saint Mammès figura sur le sceau de l'église de Langres.

taines, près du torrent de Suzon, entre le château de Pouilly et Dijon.

Alède appela des clercs de cette abbaye à célébrer la messe dans la chapelle qu'elle fit construire et qui, par suite d'agrandissement, devint l'église actuelle (*).

Chapiteau d'un pilier de l'église de Fontaines.

La mère de Bernard fit aussi adopter pour patron de Fontaines, le confesseur martyr SAINT

(*. Cette église est très remarquable par les souvenirs qu'elle évoque, par sa curieuse architecture bourguignonne, ses anciennes sculptures, ses pierres tombales, son admirable buste sculpté de saint Bernard et les autres statuettes représentant ce saint, ses boiseries et meubles sculptés de la Renaissance, ses beaux tableaux, dont l'un est attribué à Philippe de Champagne, et par un gracieux lutrin, représentant un ange agenouillé, sculpté par Dubois. Elle fut agrandie en 1361, date du portail occidental (D. JAVIER 1361), charmant

Vue extérieure de l'église de Fontaines.

Vue intérieure de l'église de Fontaines.

AMBROSINIEN (*) auquel, dans sa reconnaissance d'épouse, elle avait voué une vénération si profonde.

ERNARD eut deux frères aînés, GUIDO et GÉRARD; trois autres frères puînés, ANDRÉ, BARTHÉLEMY et NIVARD; et une sœur, HUMBELINE.

E n'était pas assez pour la piété d'Alède de doter d'une chapelle le pays qu'elle habitait et qu'elle honorait de ses vertus et de sa charité; elle voulut élever ses sept enfants dans l'amour de Dieu. La douceur du caractère de Bernard et son inclination pour le travail engagèrent cette pieuse et bonne mère à le vouer plus spécialement au service de Dieu. Mettant

type de l'architecture bourguignonne qui orna la Chartreuse de Dijon; — en 1370, date de l'abside, par le curé Thierry de Borgoignon, dont la tombe existe dans le chœur; — et sous Charles VI, date de la porte du Nord et de la belle croix du cimetière. Enfin la grande nef fut terminée sous Louis XII et François Ier.

(*) L'église de Fontaines a été replacée depuis sous le vocable de saint Martin.

à profit son goût pour l'étude, elle le plaça à l'école de l'église Saint-Vorles, de Châtillon-sur-Seine.

On vénère encore la chapelle Sainte-Marie-du-Château et la maison de la rue du Truchot, où le jeune Tescelin s'adonna avec ardeur à l'étude en compagnie de plusieurs jeunes gens dont le goût pour le travail éclaira la foi, parmi lesquels Guillaume de Thierry et Hugues, parent des comtes de Mâcon, qui plus tard deviendra le célèbre évêque d'Auxerre.

Ses frères étaient entrés dans la noble carrière des armes, comme le faisaient tous les fils des chevaliers de la cour des ducs de Bourgogne. C'est en ces temps qu'à la suite des entraînantes prédications de Pierre l'Ermite dévoilant à travers le monde chrétien le danger dont le menaçait le sabre fanatique de l'islamisme, les vaillants preux de la France s'étaient précipités au-devant du flot de l'invasion musulmane et l'avaient arrêté

Eglise Saint-Vorles, à Châtillon-sur-Seine.

une première fois en chassant les infidèles de Jérusalem et en y établissant la royauté de l'honnête et saint chrétien Godefroy de Bouillon.

BERNARD ayant terminé de fortes études à Châtillon, revint auprès de sa mère pratiquer avec elle la charité envers les pauvres. Il avait alors vingt ans : sa taille était noble et grande ; le front large et élevé témoignait sa haute intelligence ; son regard était empreint d'une douce bonté ; les traits du visage refié-

taient sa sagesse et ses bons sentiments; la peau était fine et blanche, ses cheveux blonds.

Son excellente mère s'éteignit saintement le jour même de la fête patronale de Fontaines, alors la Saint-Ambrosinien, aux calendes de septembre 1105; *Kalendis septembris obiit Alaysa laïca.* — L'abbé de Saint-Bénigne, Gérannus, demanda le corps de la bienheureuse Alède et le fit emporter sur les épaules des moines, comme une relique vénérée, dans l'abbaye, à Dijon, où il resta jusqu'au 19 mars 1250. A cette époque, pour obéir aux intentions de son fils Bernard, on le transféra à l'abbaye de Clairvaux, près de la tombe du grand saint, dans la chapelle Saint-Sauveur.

Les premiers effets de la parole persuasive de Bernard se firent sentir parmi ses proches parents et ses amis : son oncle Gauldry, comte de Touillon, valeureux chevalier bourguignon, abandonne la gloire des armes, renonce à ses richesses pour se vouer à la vie monastique et jusqu'à sa mort reste le fidèle compagnon de Bernard, qui convertit en même temps que son oncle ses frères Barthélemy et André, et même le chevalier Guido, l'aîné de tous, déjà marié et dont la femme prit le voile à Juilly. Seul, l'intrépide Gérard, qui s'est illustré les armes à la main et qui occupe une charge importante chaque fois que le duc de Bourgogne lève une armée, s'obstine à ne pas quitter sa noble épée et refuse d'entendre la voix de son frère ; mais ayant été blessé à l'assaut du château de Grancey, il suit l'exemple de ses frères. — Un de ses compagnons d'étude, Hugues, de la famille des comtes de Mâcon, Godefroy de Péromont et plusieurs autres jeunes gens remarquables par leur naissance et

NIVARD ACCOURT REJOINDRE SAINT BERNARD.

Maison de Bafres à Fontaines.

leur instruction, suivent comme des disciples Bernard qui leur fait entendre sa voix inspirée d'abord à Châtillon, puis à Fontaines-les-Dijon, où il était revenu dire adieu à son vieux père. C'est en ce moment qu'il eut la joie de voir se joindre à ses frères Nivard, le plus jeune d'entre eux; sa sœur Humbeline deviendra elle-même moniale à Juilly-les-Nonnains, près Molesmes.

Pendant un certain temps, Bernard songea à imiter l'abnégation et la dévotion de saint Seigne, le fils du comte de Mesmont. Ce dernier avait renoncé aux grandeurs où sa naissance l'appelait pour se dévouer à la moralisation des habitants limitrophes de sa retraite, sise à quatre lieues de Fontaines. Cet asile devint l'abbaye de Saint-Seine. Mais, Bernard reconnaissant les bienfaits de la sévère règle que saint Benoît avait dictée au Mont-Cassin, prit la résolution d'entrer à l'abbaye de Cîteaux, fondée depuis quinze années par saint Robert de Molesmes, dans une forêt à deux lieues de Dijon (*), et en 1113, il

(*) *Cistercium, Citeal, Cisteaul*, devenu chef d'ordre. Gauthier, évêque de Chalon, Raynard, vicomte de Beaune, le duc de Bourgogne Eudes Ier, fournirent les frais de fondation. Ce célèbre monastère a donné à l'Eglise quatre papes : Eugène III, Grégoire VIII, Célestin IV, Benoît XII, et un grand nombre de cardinaux et évêques. Dix-huit cents monastères d'hommes et quatorze cents de filles dépendaient de Cîteaux. Sa plus grande illustration est d'avoir formé saint Bernard La *Charte de charité*, ouvrage sublime, était le statut primor-

s'y présenta conduisant ses frères et ses compagnons. Son année de noviciat fut remplie par la pratique la plus scrupuleuse d'une piété sincère (*).

dial de l'ordre. L'abbaye, ses précieuses reliques, ses mémorables tombeaux et souvenirs, sa riche bibliothèque, où l'empereur Napoléon, alors sous-lieutenant d'artillerie à Auxonne, puisa une partie de cette solide instruction qui lui permit plus tard de présider avec éclat le Conseil d'Etat, furent pillés, détruits et dévastés sous la Révolution. Le dernier abbé fut Dom Fr. Trouvé, dont la mitre, les gants brodés, le bréviaire, les jetons d'argent ont été vendus dernièrement à Couchey, près Marsannay-la-Côte. Aujourd'hui l'emplacement et les restes des ruines de l'Abbaye ont été consacrés, par l'abbé Rey, à une colonie de jeunes condamnés qui rend à ces derniers les plus grands services, en aidant à les réhabiliter, à leur procurer une carrière, et surtout en les enlevant au contact si pernicieux de la détention non cellulaire.

(*) En souvenir du noviciat de saint Bernard à Cîteaux on avait conservé dans le trésor de l'abbaye la tasse de bois dont il s'était

Ciathus Sancti Bernardi Abbatis Clarevallis

servi au réfectoire et que, comme *profès*, il avait laissée au couvent ; elle a été, après la canonisation du saint, ornée d'une garniture en argent doré et on a gravé à cette époque sous le pied de la coupe

Son exemple attira un si grand nombre de prosélytes que l'abbé Etienne se trouva dans l'obligation de détacher de l'abbaye une première colonie qui alla s'établir sur le territoire que lui donna le comte de Châlon. L'abbé Etienne nomma cette première fille de Cîteaux FIRMITAS. Elle devint l'abbaye de *la Ferté*, dont la splendeur est attestée encore de nos jours par les grandioses constructions échappées au marteau de la bande noire et qui appartiennent au baron Thénard. — Une deuxième greffe fut détachée à Pontigny, sous la conduite d'Hugues de Mâcon, l'ami de Bernard.

En 1115, Bernard, désigné pour fonder une troisième colonie dans un désert marécageux du territoire de Langres, y conduit douze moines : ses frères, son oncle Gauldry, son cousin Robert,

l'inscription reproduite au bas du dessin (*Ciathus* pour *Cyathus*). — Pendant des temps de troubles cette tasse avait été déposée au trésor de l'abbaye de Saint-Etienne à Dijon, où le 23 novembre 1663, deux gentilshommes l'empruntèrent, moyennant très forte caution, pour l'emporter à la campagne dans le but de procurer la guérison à un malade. Le 21 février 1659, le sieur Pidard, orfèvre, demande 11 livres au trésorier de Saint-Etienne pour avoir raccommodé la monture de la tasse de saint Bernard, ce qui semble prouver que la foi des personnes pieuses croyant à la vertu de ce souvenir du grand Saint, devait assez fréquemment renouveler les emprunts faits dans une louable intention. On la voit encore au Musée de Dijon parmi divers objets de curiosité ; ce souvenir précieux mériterait une place spéciale.

un parent appelé Godefroy, un autre Godefroy, et les moines Elbold et Gauthier. Les saints serviteurs de Dieu travaillent avec ardeur à élever

les premières cellules de cette retraite à laquelle Bernard donne le nom de Claire-Vallée : telle fut l'origine de l'abbaye de Clairvaux (*).

Ayant établi dans cette colonie la règle de Citeaux, c'est-à-dire la règle la plus sévère de saint

(*) Les bâtiments de l'abbaye, supprimée par la Révolution, ont été convertis en maison de détention.

Bernard choisit l'emplacement de Claire-Vallée.

Benoît ou des Bénédictins, Bernard, alors âgé de vingt-cinq ans, vint à Châlons-sur-Marne recevoir des mains de l'évêque Guillaume de Champeaux la consécration abbatiale en 1116.

Lorsqu'il sortait de ses pieuses méditations, c'était pour prêcher la parole de Dieu avec une foi si vive qu'il enracinait dans tous les cœurs l'amour de la vraie religion, et beaucoup d'hommes

remarquables par leur savoir ou par leur vertu réclamaient le bonheur de se joindre au pieux troupeau de ce jeune mais déjà illustre abbé de Claire-Vallée. On compte parmi eux Guillaume de Saint-Omer; Odon, devenu sous-prieur de Claire-Vallée; Roger, abbé de Trois-Fontaines; Gode-

Consécration abbatiale de saint Bernard en 1116.

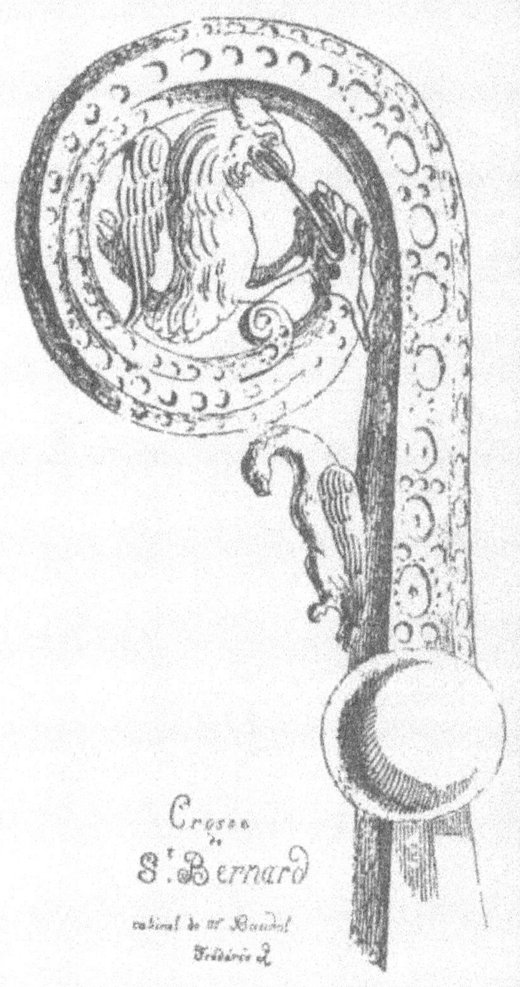

Crosse de St. Bernard

froy de Péronne; Etienne de Vitry; Pierre de Toulouse.

La rigueur avec laquelle il observait la règle de saint Benoît, son zèle si dévoué pour prêcher le bien, le travail que nécessitait cette prédication de tous les jours affaiblirent sa constitution ; son sang s'appauvrit et une première maladie mit ses jours en grand danger : c'est alors que l'évêque Guillaume de Champeaux lui fit bâtir dans le cimetière des moines, derrière le rond-point de l'église, une cellule pour le protéger contre les intempéries du rude climat de l'abbaye; mais Bernard, décidé à observer strictement la discipline, ne voulut laisser établir ni fourneau ni cheminée, et les moines durent employer le stratagème de creuser une sorte de calorifère et de percer la pierre qui se trouvait sous le lit du malade afin de le réchauffer à son insu. C'est dans cette cellule que saint Bernard composa l'*Ave Maris stella* et ajouta au *Salve Regina* ces douces invocations :

O clemens, o pia, o dulcis Virgo Maria.

Ce sanctuaire fut vénéré jusqu'à la Révolution. La reine de Sicile le visita en 1517. En 1605, la vénérable mère Anne de Jésus voulut y recueillir aussi, comme l'avait fait cette reine, quelques fragments du châlit qui y était conservé et les considéra comme de véritables reliques d'un grand saint. L'abbé Pierre Henri, en 1673, honora les souvenirs précieux de cette humble demeure qui n'était, rapporte Guillaume de Saint-Thierry, qu'une loge semblable à celles qu'on assigne aux lépreux (*).

Vitrail de l'église de Fontaines
[illegible]

(*) La plupart des reliques de saint Bernard ont subi les outrages de la Révolution et ont été dispersées en même temps que les vandales violaient sa sépulture, profanaient son corps et en jetaient les restes au vent; cependant, si les riches reliquaires de l'abbaye de Clairvaux ont été enlevés et fondus, l'abbé Dom Rocourt parvint à sauver le chef de saint Bernard et le confia, avec celui de

Revenu lentement à la santé, malgré son médecin qui n'était qu'un vaniteux charlatan, il reprit sa tâche avec une ardeur au-dessus de ses forces et donna l'exemple à ses disciples qui travaillaient silencieusement dans les champs ou dans la forêt, la pioche ou la cognée à la main, tout en pensant

saint Malachie, au préfet de l'Aube sous l'Empire, M. le baron Caffarelli, qui les fit placer dans la cathédrale de Troyes, où ils se voient maintenant. — L'église de Saint-Dizier possède un bras de saint Bernard. — Sa crosse d'abbé en ivoire sculpté faisait partie des trésors historiques du cabinet de M Baudot, de Dijon, où le dessin (p. 27) en a été pris; — le Musée de cette ville renferme la coupe de son noviciat à Cîteaux. — On vénère dans l'église de Fontaines des parties de sa ceinture conservées sous verre dans une monture en argent, orfèvrerie du XVIe siècle, obtenues de l'abbaye de Clairvaux par les Feuillants de Fontaines, et un buste sculpté avec un

talent rappelant celui de Sambin. — Une longue tradition autorise à le considérer comme le portrait le plus authentique. — Il faisait partie du trésor de l'abbaye des Cisterciennes de Molaise, près Verdun-sur-le-Doubs. Lorsque les religieuses furent dispersées sous la Révolution, l'abbesse le sauva de la destruction et à sa mort le légua à son frère, F. Toussaint David de la Martinière, ex-officier du régiment de Navarre, qui, sous l'Empire, lors du rétablissement du culte catholique, en fit don à l'église de la patrie de saint Bernard.

Saint Bernard

Buste de saint Bernard (*) conservé dans l'église de Fontaines.

(*) D'après une photographie due à l'obligeance de M. l'abbé de Bretenières

à Dieu, en méditant sur la fragilité de l'homme et en se préparant par l'amour et la pratique de la vertu aux béatitudes de l'éternité.

La célébrité de l'abbé de Claire-Vallée attira un si grand nombre de disciples (il y en eut jusqu'à sept ou huit cents) que saint Bernard vit la nécessité de fonder l'abbaye des Trois-Fontaines près de Châlons-sur-Marne, à l'imitation de celle de Rome, et, en 1118, celle de Fontenay, entre Semur et Montbard (*), puis plus tard les maisons de Châlons, de Paris, de Liége, de l'Allemagne, de l'Italie, environ cent soixante monastères.

En 1119, le premier Chapitre général de Cîteaux règle la *Grande Charte de Charité*. Malgré sa jeunesse, saint Bernard y fait briller le noble

(*) Aujourd'hui la papeterie de MM. de Montgolfier.

Abbaye de Fontenay.

dessein de régénérer le monde par la piété. Son travail incessant, ses efforts pour préparer au bien, abattent de nouveau ses forces et le clouent sur le grabat de sa cellule ; — mais son esprit travaille quand même son corps est épuisé de fatigue, et c'est au milieu de vives souffrances corporelles qu'il écrit le *Traité de l'humilité et de l'orgueil*, les *Louanges de Marie* et d'admirables lettres. Il ne néglige pas non plus l'administration temporelle de son abbaye qui, grâce à ses sages précautions, put nourrir jusqu'à trois mille pauvres dans les temps de famine, lesquels n'apparaissaient alors que trop souvent. Il fit établir par ses religieux des greniers de réserve qui rendirent les plus grands services au peuple et qui servirent de modèles à un très grand nombre d'autres couvents. Dans le cellier de réserve de Clairvaux on vit longtemps un gros tonneau, le *Dolium majus*, contenant 730 muids de vin, que l'on imita plus tard à Heidelberg.

L'exemple et les leçons de ces humbles et infatigables travailleurs de la terre, répandirent dans la fertile contrée de Bourgogne d'excellents préceptes d'agriculture et des ferments de richesse.

ESCELIN voulut achever sa vieillesse auprès de son fils et vint se joindre aux religieux de la Claire-Vallée; sa châtellenie de Fontaines-les-Dijon passa alors par le mariage de *Belote de Fontaines* avec *Guillaume de Saulx*, dans la puissante famille de Saulx.

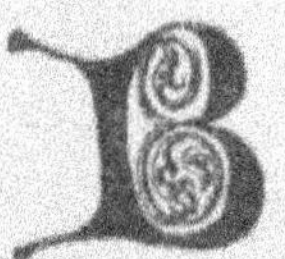ELOTTE de Fontaines était fille de Barthélemy de Sombernon, qui avait épousé Adeline, fille de Guy ou Guido, l'aîné des frères de saint Bernard. Par suite d'alliances, la seigneurie de Fontaines alla de la famille de Saulx à celles de Marey, de Cléron et de Damas; mais elle se trouvait divisée par les héritages : la grosse tour, contenant la chambre natale de saint Bernard, fut comprise dans la part d'Alexandre et Bernard de Marey, fils de Marie de Saulx, dame de Fontaines et de la famille de saint Bernard, qui en firent cession à l'évêque de Chalon-sur-Saône, Rollin. La cousine de l'évêque, Marguerite Rollin, en hérita et la transmit à Marie Chambellan, femme de Gui de Rochefort, chancelier de France. Cette portion du château fut ensuite possédée par Joachim-Humbert de Rochefort, par Guillaume de Damas, et enfin Joachim de Damas, seigneur de Rousset

Château où est né saint Bernard.

CHÂTEAU de Tescelin à FONTAINES-lez-Dijon

1 Chambre natale de Saint Bernard dans la grosse Tour
2 Tour d'entrée et grande porte du Château
3 Tour [illegible]
4 Chapelle édifiée par Louis XIII
5 Chœur des Feuillants (emplacement)
6 Couvent des Feuillants (id.)
7 [illegible] par Barthélemy de [illegible] en 17[illegible]
8 Eglise fondée par Alaïs
9 [illegible] moderne
10 [illegible]

Plan du château de Tescelin.

et de Fontaines, qui, après avoir fondé en 1602 les Capucins de Dijon, vendit en 1613 à la congrégation de N. D. des Feuillants, de l'ordre de Cîteaux, son château de Fontaines pour y établir un monastère et une église en l'honneur de saint Bernard. Le roi Louis XIII, dont la mère Marie

Sauve-garde du Roi. (Cure de Fontaines.)

de Médicis avait toujours eu saint Bernard en grande dévotion, protégea l'œuvre des Feuillants : il se déclara le fondateur du monastère et de la

Vue extérieure de la chambre natale de saint Bernard.

chapelle et leur accorda les priviléges des maisons royales; il amortit le terrain par ses lettres patentes de 1618, assigna une pension de mille livres et un don de trois mille livres pour la décoration de la chapelle dont la première pierre fut posée solennellement le jour de l'Epiphanie de l'année 1619, au nom du roi, par le duc de Bellegarde, gouverneur de la Bourgogne. Cette église, magnifiquement ornée par les libéralités de Louis XIII et d'Anne d'Autriche, se composait : au nord, du chœur des religieux en hémicycle; de l'église dont la voûte forme deux dômes d'une extrême élégance; au sud, du sanctuaire, formé de la chambre natale de saint Bernard. Cette chambre, placée au rez-de-chaussée de la grosse tour du château, petite, basse, carrée, aux murs de neuf pieds d'épaisseur, n'était éclairée que par une petite fenêtre très étroite s'ouvrant à l'ouest sur la plate-forme du château : les Feuillants eurent l'idée bien regrettable d'agrandir l'ouverture de la fenêtre. On défigura encore ce sanctuaire en entaillant les murs de façon à donner la forme octogonale à la chambre et en creusant une niche dans la muraille du midi.

La chambre natale de saint Bernard avait été convertie en chapelle longtemps avant l'installation des Feuillants. Lors de la construction de leur

Vue de la Chapelle et de la chambre natale de saint Bernard.

monastère, on y éleva un maître-autel en forme de tombeau antique surmonté d'un riche baldaquin doré, soutenu par quatre colonnes en marbre de Flandre, d'ordre corynthien, les bases et les chapiteaux en bois doré, les piédestaux et gradins en bois peint en marbre. Au milieu était la statue de saint Bernard en bois doré. Le chœur du monastère fut détruit sous la révolution ; il ne subsiste que le sanctuaire et l'église dont les restes témoignent la magnificence qui avait présidé à l'hommage pieux rendu à la mémoire du grand saint. Le sanctuaire et les deux parties de l'église sont séparés par des arcs doubleaux décorés d'archivoltes, de pendentifs en pierre dure polie chargés d'ornements. Les deux parties de l'église sont terminées en dômes, en forme de couronnes royales ornées de fleurons, de fleurs de lys et de perles sculptées : ces dômes reposent sur des entablements corynthiens. Toutes les moulures des architraves et corniches sont taillées de rais de cœur, de trèfles, d'oves, de denticules, de modillons à feuilles, de refends et de rosaces sculptées, peintes et dorées entre les modillons. Le premier dôme est décoré du chiffre et des armes de Louis XIII, le second du chiffre et des armes de la reine Anne d'Autriche. Les mêmes chiffres se répètent dans les architraves. D'admirables balcons en pierre dure richement sculptée, comme le reste, ornent encore deux des fenêtres au levant.

Le 11 octobre 1790, les Feuillants furent chassés de Fontaines. Le sanctuaire, le château, le monastère, les vastes jardins et un clos de 21 journaux de bonne vigne furent estimés treize mille francs le 16 juillet 1791 par l'architecte Nogaret (*). Le mobilier fut dispersé ; le monastère, le clocher furent démolis ; on vendit à vil prix les bois et les pierres ; le sanctuaire fut transformé en cellier ; on établit une forge dans une partie de l'église : la fumée noircit encore les délicates sculptures du premier dôme ; l'autre partie fut convertie en écurie. En 1840, l'abbé Renault acheta ce qui restait des ruines et l'architecte Caumont, auquel nous avons emprunté la description de l'architecture de l'église, restaura le berceau de saint Bernard dont la chapelle a été réconciliée et l'autel béni par Mgr Rivet, évêque de Dijon, le 16 août 1841.

Aujourd'hui, MM. de Bretenières et Poiblanc, prêtres, sont propriétaires des lieux vénérés. Ils ont l'intention d'y adjoindre un asile pour les prêtres âgés et infirmes.

(*) Voir à la fin du volume le rapport Nogaret donnant la description de l'Eglise et du couvent entier.

Vue des ruines du chœur du couvent des Feuillants.

En poursuivant sa courageuse mission de rendre à l'état monastique toute sa pureté primitive, saint Bernard se fit nécessairement beaucoup d'ennemis : *Je sais*, disait-il, *qu'en faisant la guerre aux dérèglements, j'irrite contre moi les gens déréglés.....* Un de ses compatriotes de Fontaines-les-Dijon, P. Brecard, devenu cardinal sous le pape Calixte II, l'aida dans sa tâche. Envoyé en France comme légat sous le titre de saint Marcel, il excommunia Pons, l'opulent abbé de Cluny, devenu le violent ennemi du rigide abbé de Clairvaux à cause des efforts de saint Bernard pour réprimer le faste de la luxueuse abbaye, efforts que celui-ci eut la joie de voir couronnés de succès lorsque Pierre le Vénérable eut remplacé Pons l'excommunié.

Le mérite de saint Bernard excita de si violentes jalousies qu'on l'accusa devant le conseil des cardinaux ; on le dénonça même au pape. Le cardinal Haimeric, pendant quelque temps, donna raison aux accusateurs, mais l'humilité du saint éclaira Haimeric qui, reconnaissant la vérité, lui rendit la plus haute estime.

Ne recherchant que le calme de la solitude, Bernard combat par un travail opiniâtre les vives douleurs que lui occasionne sa longue maladie. Il enfante des chefs-d'œuvre : il dicte les sublimes commentaires du *Cantique des Cantiques;* il écrit son *Traité de la grâce et du libre arbitre*, qualifié de *Livre d'or* par les plus savants théologiens. Sous forme de prédications, il donnait chaque jour les meilleurs conseils aux religieux ; il entretenait d'instructives correspondances avec les plus illustres savants de ce siècle, où les arts et les lettres florissaient à l'ombre des monastères, avec Hugues, du couvent de Saint-Victor à Paris, avec saint Norbert, fondateur des Prémontrés, avec Pierre le Vénérable, le savant abbé de Cluny. Par son éloquence, sa parole persuasive et surtout la sincérité de sa conviction profonde, il attirait à Dieu tous les cœurs, et les conversions qu'il opérait étaient très nombreuses. Parmi les plus remarquables on peut citer celles de la duchesse de Lorraine, de la comtesse Ermengarde, de la vierge Sophie, de Béatrix, d'Amédée, parent de l'empereur d'Allemagne ; d'un fils du roi de France Louis VI,

Henri de France, qui se fit moine à Clairvaux et mérita, par ses vertus et les qualités que l'abbé Bernard développa en lui, de devenir évêque de Beauvais.

Le pape Honorius voulut éclairer le concile de Troyes des lumières de saint Bernard et exigea de celui-ci qu'il vînt y prendre part malgré la résistance que la modestie de l'abbé de Clairvaux opposait à cet ordre en invoquant son état maladif. C'est à ce concile qu'il fut chargé de dresser les statuts de l'ordre des Templiers. Ces héroïques chevaliers se dévouaient à protéger les pèlerins qui avaient à cœur, pour satisfaire leur piété, d'aller au milieu de mille dangers adorer le Saint-Sépulcre et, par cet hommage, honorer le christianisme. Il remit ces statuts à Hugues

4

de Paganis, grand-maître des Templiers, en disant :

Allez, allez, braves chevaliers du Temple ! chassez d'un cœur intrépide les ennemis de la Croix !!

En outre des statuts de l'ordre des Templiers, saint Bernard écrivit l'éloge de ces hardis et pieux chevaliers, qui établirent à Fontaines une de leurs maisons qu'on voit encore dans la rue des Templiers. Une haute tour carrée en formait la défense Elle fut en partie découronnée sous la Révolution, mais elle est d'une remarquable construction : au-dessous d'un encorbellement taillé dans l'angle rapproché de la grande porte d'entrée de la cour, une élégante barbacane permet de surveiller cette entrée encore surmontée de la galerie couverte qui servait à la défense et à la communication entre les deux principaux corps de bâtiments desservis par des escaliers en limaçon renfermés dans deux tourelles faisant saillie dans la cour. — Les fenêtres à meneaux sont ornées d'accolades d'un gracieux dessin et taillées d'un bon ciseau. — Les Templiers avaient haute justice dans tout ce que comportait leur domaine.

En ces temps, le cardinal Pierre de Léon, petit-

Maison des templiers à Fontaines.

fils d'un juif converti, était parvenu à force d'intrigues à se faire proclamer pape sous le nom d'Anaclet II, par un parti de cardinaux et par la populace de Rome. Il s'était emparé de la tiare, il avait ameuté le peuple contre le véritable pape Innocent II, choisi comme successeur d'Honorius. Il l'avait chassé de Rome et contraint de se réfugier en France. Par suite, un schisme avait éclaté.

Le roi Louis VI désigna saint Bernard au concile d'Etampes pour donner la solution de ce schisme. Quand saint Bernard eut reconnu Innocent II comme étant le seul chef souverain de l'Eglise, le concile acclama sa décision. Un seul évêque, celui d'Angoulême, persista dans l'erreur et exerçant sur Guillaume, jeune duc d'Aquitaine, une influence néfaste, il porta le trouble dans toute la province du midi.

Saint Bernard tenta de ramener au bien le duc Guillaume et il y réussit pour le mieux, puisque non-seulement le duc abandonna le schisme, mais encore afin de s'adonner dans la solitude à la seule pensée de l'adoration de Dieu, il quitta sa couronne ducale et fit don au jeune roi Louis VII, en le mariant avec sa fille Eléonore, de tout son duché, presque aussi grand que la France d'alors, car il comprenait l'Anjou, le Poitou, la Touraine, le Maine, la Gascogne ; c'est donc à la conversion opérée par saint Bernard que la France vit en cette circonstance doubler son territoire.

L'Italie était toujours déchirée par les factions schismatiques. Saint Bernard, à la demande d'Innocent II, vient apporter à son aide la puissance de son éloquence ; ses prédications renouvelées sans relâche apaisent les esprits. Mais Anaclet, soutenu par Roger, roi de Sicile, rallume la guerre civile et fait répandre des flots de sang ; sa mort même, survenue en 1138, ne fut pas encore le terme du schisme qu'il avait suscité en Italie, car on lui nomma un successeur anti-pape. Enfin la

parole de saint Bernard finit par éteindre ce foyer de désordre. Le pape Innocent II, en reconnaissance de cet immense service, voulut avoir à Rome un monastère de son ordre. Bernard détacha de Clairvaux douze moines sous la direction de Bernard de Pise, devenu le souverain-pontife Eugène III. En 1138, ils établirent près de Rome l'abbaye des Trois-Fontaines, sur le lieu même où saint Paul avait été décapité. C'est la même année que Bernard eut la douleur de perdre son frère Gérard qui l'avait toujours secondé et qui, pendant les pérégrinations de l'Abbé, le remplaçait dans ses fonctions à Clairvaux.

A cette époque, il s'éleva un grave dissentiment entre le roi de France Louis VII et le pape, au sujet de la nomination des évêques. — Innocent II ayant, contre la volonté royale, nommé Pierre de Lachâtre à l'archevêché de Bourges, le roi résolut de ne pas laisser le nouvel évêque prendre possession de son siége. Lachâtre se réfugie auprès de Thibaut, comte de Champagne, et lui fait prendre les armes pour le défendre contre les troupes royales. Le roi vainqueur et animé d'un vif ressentiment causé par l'anathème que le pape a prononcé contre lui, ravage la Champagne et ne s'arrête qu'après l'horrible incendie de l'église de Vitry où beaucoup de personnes périrent pen-

dant l'attaque. — C'est alors que Louis VII eut recours à saint Bernard pour mettre fin aux horreurs de la guerre. Bernard, ami du comte de Champagne, réussit si bien encore dans sa délicate mission, que le roi épousa la fille de Thibaut dont il eut *Philippe-Auguste,* son successeur sur le trône de France.

En 1139, Malachie, évêque d'Irlande, vint à Clairvaux et fut tellement ravi de la compagnie du vertueux Abbé, qu'après être retourné en Irlande conduire des disciples de saint Bernard pour y fonder des monastères de la règle de Clairvaux, il voulut passer le reste de sa vie auprès de celui qu'il avait en si profonde admiration.

C'est vers cette époque que, malgré son désir de vivre dans une paisible solitude, penchant qui s'explique par la profondeur de son extrême humilité et la délicatesse de sa santé, saint Bernard eut à soutenir contre Abélard cette lutte si mémorable qui fixa l'attention du monde chrétien entier : sa foi brûlante, son savoir immense et son prodigieux talent dans l'art de la parole reçurent la mission de combattre et de refouler les doctrines subversives qui sapaient déjà avec hardiesse, sous le couvert d'une éloquence brillante, les fondements du monde chrétien.

Certains historiens dominés par un blâmable esprit de partialité, poursuivant dans leurs écrits un but si peu avouable qu'ils se gardent bien de le dévoiler trop ouvertement, ont travesti suivant les besoins de leur cause occulte, non seulement les personnages historiques, mais même des périodes, des époques entières. Ainsi, de même qu'aujourd'hui certains journalistes affublent Voltaire d'un caractère de patriotisme et de sympathie pour le peuple qu'il n'a jamais professé, puisqu'au contraire il était le flatteur de l'ennemi de la France, le roi de Prusse, et qu'il a toujours fait parade de son sarcastique mépris pour la classe populaire : de même, beaucoup de ces grandes figures qui ont marqué dans l'histoire ont été travesties, entièrement défigurées. Abélard est du nombre de ceux qu'on a transformés en instrument servant aux passions de tel ou tel système employé dans un but que le plus souvent on se gardait d'avouer. Abélard était religieux et toujours il soumit à sa piété sincère l'étendue de sa science. Admiré par de nombreux partisans fascinés par son élocution brillante, par la chaleur de ses écrits, il n'eut pas d'autres desseins que de tenter de fortifier les dogmes par la puissance du raisonnement et de corroborer les mystères de la religion par la dialectique. C'était une tâche trop ambitieuse pour un homme même de grand talent, mais il eut toujours la piété de se reconnaître prêt à désavouer et à condamner lui-même ce qui pouvait être interprété comme une hérésie. Les romanciers et les politiciens surtout se sont emparés de lui, ont mutilé ses œuvres, l'ont transformé à leur façon pour le besoin de leur cause et en ont fait un Abélard tout autre que le réel. Le moyen âge, le douzième siècle principalement ont été mal dépeints, on a mal connu cette époque et on a pris à tâche de couvrir de ténèbres ce qui était dejà sorti de l'obscurité. Les musées, les expositions rétrospectives, l'étude approfondie des monuments, — des chroniques contemporaines, — des annales, fournissent abondamment les preuves qu'à cette époque qualifiée si légèrement de barbare par des historiens qui ne sont que des copistes des erreurs répandues par quelques-uns de leurs prédécesseurs, les études littéraires, théologiques, philosophiques, les arts, l'architecture, l'orfévrerie, la verrerie, le tissage des plus riches étoffes, la calligraphie, la peinture en miniature étaient cultivés avec une sorte de passion sous la protection des monastères, dans les écoles des églises ou les écoles publiques. Des milliers d'étudiants avides de s'instruire, venus souvent de très loin, se pressaient autour des savants éloquents qui faisaient école. Les croisades, en mettant les occidentaux en contact avec le luxe oriental, avec le foyer intellectuel conservé chez les Arabes, avaient répandu dans toute l'Europe le goût des belles choses, avaient excité la curiosité et l'émulation de ceux qui s'adonnaient à l'étude pendant que les chevaliers perfectionnaient au contact d'un ennemi puissant, la tactique militaire, l'art des fortifications, créaient une marine et répandaient l'habitude des longues pérégrinations qui ouvraient le monde entier au commerce.

Abélard, qui produisit une grande émotion parmi ses contemporains, était donc religieux; mais son rationalisme conduisit ses disciples au mani-

chéisme, qui avait déjà troublé le monde par ses erreurs dès les premiers temps de l'Eglise et qui, attaquant autant l'Etat que le catholicisme, devait engendrer les hérésies des Vaudois, des Albigeois et plus tard celles de la Renaissance. C'était un danger d'autant plus grand pour la religion et pour les Etats, que l'influence d'Abélard était considérable. C'est pourquoi saint Bernard fut chargé de combattre les subtilités et la fausse doctrine de ce philosophe; et en 1140, dans le grand concile de Sens, en présence du roi Louis VII, de la cour, des sommités du clergé de France et des écoles savantes du monde entier, Abélard fut réduit par saint Bernard à renier et à abandonner toute sa doctrine et à en exposer au pape Innocent II la rétractation la plus complète, après quoi il se retira humblement dans un cloître où il s'éteignit dans la piété deux années après, à Saint-Marcel, près Chalon-sur-Saône.

Mais ses sectaires mirent bientôt en pratique ce qu'ils avaient puisé dans sa dangereuse théorie. Des troubles éclatèrent en Allemagne, en Suisse, en France. Arnold de Brescia, élève d'Abélard, suscite une révolution dans Rome; le sang coule, le pape meurt de chagrin en 1143. Les deux autres papes nommés pour le remplacer meurent victimes de la tourmente qui dure deux années : Célestin II en 1144, Lucius en 1145. Ce dernier avait été tué d'un coup de pierre, et comme on ne pouvait s'accorder au milieu de l'effervescence des esprits pour élire son successeur, on avait fort à redouter les calamités d'un schisme. Heureusement, le peuple, las de cette agitation furieuse, finit par chasser Arnold, et rouvrit ses portes à l'humble moine de Clairvaux que saint Bernard avait envoyé fonder l'abbaye des Trois-Fontaines et devenu souverain pontife sous le nom d'*Eugène III*. Son pontificat fut brillant. Saint Bernard aurait pu revendiquer une partie de cette gloire, car par les fréquentes instructions qu'il lui écrivait et qui formèrent le *Livre de la considération*, l'Abbé offrit au Pape les conseils les plus sages et les plus élevés.

Pendant que saint Bernard s'applique par ses écrits et par ses prédications à faire renaître l'union dans l'Eglise, un bruit sinistre se répand et jette une vive alarme. Les Mulsumans, d'abord refoulés et maintenus par la prise de Jérusalem et la vaillante épée de Godefroy de Bouillon, ont repris l'offensive en nombre immense et massacré par surprise les héroïques défenseurs de la ville d'Edesse. Toute la chrétienté comprend le danger de cette redoutable invasion, mais la France et surtout le roi Louis VII, songent que c'est la veuve du roi Foulques d'Anjou, c'est-à-dire d'un prince français, qui va avoir la rude tâche de défendre la couronne de son fils Baudouin III et les fruits de la première croisade contre ces hordes d'ennemis implacables. Godefroy, évêque de Langres, fait un touchant appel aux fidèles à Bourges ; le roi annonce lui-même que le pape l'investit du glorieux honneur de conduire l'expédition ; saint Bernard, le jour de Pâques (1146), à *Vézelay* en Bourgogne, au milieu de l'enthousiasme soulevé par son éloquence entraînante, décide la croisade à laquelle tous les nobles assistants, le roi, son frère, la reine, les plus grands seigneurs, les évêques et un peuple immense jurent de prendre part aux cris de : *Dieu le veult! Dieu le veult!*... Le nombre de ceux qui y prirent

la croix fut tellement considérable que, n'ayant plus d'étoffe rouge à distribuer, saint Bernard lacéra une grande partie de sa robe pour former l'insigne réclamé à grands cris par l'assistance.

En quittant Vézelay, saint Bernard parcourt toute la Bourgogne pour augmenter par ses irrésistibles prédications l'armée des croisés. Puis il prêche la croisade en Allemagne, décide l'empereur Conrad III à se mettre à la tête des croisés teutons et lui remet lui-même l'étendard sacré à Spire.

A l'assemblée d'Etampes, saint Bernard désigne comme régent du royaume, pendant l'absence du roi, l'abbé Suger, et le roi et toute l'assistance sanctionnent ce choix.

Le pape Eugène III voulut, avant le départ de la croisade, venir en France visiter le roi et saint Bernard parvenu à un si haut degré de puissance. — Louis VII alla au-devant du pape jusqu'à Dijon, et devant l'église Saint-Bénigne, il descendit de cheval et se jeta aux pieds du Souverain Pontife, qui lui exprima toute sa gratitude pour sa noble résolution de se mettre à la tête des croisés français. Dans cette entrevue, le pape parla longuement au saint abbé de Clairvaux de cette chère abbaye qu'il avait quittée depuis plus

Le pape Eugène III à Dijon.

de quarante ans, et il rappela au roi qu'il avait connu à Claire-Vallée son frère Henri, moine en même temps que lui.

OUIS VII, après avoir rassemblé environ cent mille croisés français, se met à leur tête pour rejoindre Conrad, l'empereur d'Allemagne, qui l'attend sous les murs de Constantinople ; mais pendant que l'élite de la chevalerie française va déployer son courage contre le fanatisme des Turcs, la France, surtout dans le Midi, est infestée par les sectaires d'Abélard. Un apostat a répandu les plus funestes hérésies, et dans Albi entre autres, le peuple, non-seulement s'abstient d'assister aux saints offices, mais encore insulte le clergé, même le légat que le pape Eugène avait envoyé.

Saint Bernard accourt dans cette ville hérétique, et profitant de ce que la curiosité qui s'attache à sa célébrité, a amené une grosse foule dans l'église, il adjure d'une voix si merveilleusement éloquente ces égarés à revenir à l'amour de Dieu, que tous se repentent, demandent pardon et assistent avec recueillement à la célébration de la messe. — Les écrivains d'alors s'accordent à reconnaître que cette conversion fut un véritable miracle.

Il prêcha avec autant de succès dans les autres villes du Midi, et partout il effaça la gangrène propagée par l'apostat Henri.

Aux conciles de Reims et de Trèves, saint Bernard continua les brillants services qu'il rendait à la chrétienté. Aussi le pape Eugène III revenant de Trèves, voulut-il honorer particulièrement saint Bernard : il le visita dans son abbaye où lui-même avait goûté tant de bonheur dans le calme et la retraite.

Cet hommage fut un jour de triomphe pour Clairvaux, et marqua l'apogée de la grandeur de saint Bernard que l'on appelait la *Colonne de l'Eglise;* lui seul semblait, dans sa modestie, ne pas admettre son inconcevable puissance, puisqu'il se plaignait naïvement à Eugène III de ce qu'on le considérait plus comme le véritable pape que le pape lui-même : en effet, on en appelait à lui pour régler toutes les graves questions : il échangeait des correspondances quotidiennes avec les plus hauts personnages; ils le constituaient l'arbitre des destinées des peuples; le roi Pierre de Portugal, le roi des Côtes lombardes, tenaient à l'honneur de lui faire visite dans son abbaye. Ce dernier même, quoique jeune, renonça à sa couronne pour s'attacher à l'abbé de Clairvaux et prit l'habit de moine dans l'abbaye.

U faîte de la célébrité, saint Bernard allait être frappé par une immense douleur.

La perfidie des Grecs a livré les croisés aux embûches des Musulmans.

La presque totalité des fidèles que son éloquence avait entraînés à la défense du Saint-Sépulcre, sont morts misérablement.

Une clameur funèbre, irritée, éperdue, accuse avec la violence du désespoir et de la frayeur celui que l'on regardait comme le promoteur de cette gigantesque entreprise échouant par des causes entièrement indépendantes du fait du sublime orateur de Vézelay !

Saint Bernard, malgré sa connaissance du cœur humain et de la fragilité de l'affection des masses, conçut un vif chagrin de ces reproches qu'il ne méritait pas et surtout de cet échec immense qui livrait aux infidèles la chrétienté désarmée.

L'on eût dit que, pour faire briller avec plus d'éclat la constance dans la foi, la résignation, l'humilité, le courage et toutes les vertus du grand saint, Dieu permettait qu'il fût accablé des épreuves les plus rudes. A l'ingratitude des hommes, vint se joindre celle plus noire et plus pénible encore de son secrétaire, de celui pour lequel il n'avait pas de secret, qu'il s'était toujours complu à considérer comme un fils digne de toute sa confiance : le moine Nicolas, comme un Judas, trahit son bienfaiteur, vola son sceau et abusa de ce larcin pour simuler de fausses lettres de saint Bernard destinées à le perdre dans l'estime et l'amitié de tous ceux qui l'avaient vénéré jusqu'alors. Cette infamie obligea le saint à défendre son honneur attaqué, et l'amena à se servir d'un nouveau scel qu'on voit aujourd'hui au musée de Rouen et dont voici la copie.

Malgré la vigueur de son esprit, saint Bernard, dont l'austérité était telle qu'on disait qu'il ne vivait que de pain mêlé de cendres et d'eau mêlée de larmes, sentit son corps s'affaiblir de plus en plus. Il redoubla de piété et de ferveur dans ses prières à Dieu et dans la célébration du saint sacrifice.

Epuisé de douleur en apprenant la mort du pape Eugène III qu'il aimait tant, il supplia ses frères de Clairvaux de ne plus demander à Dieu la prolongation de l'agonie qui le séparait encore de la vie céleste.

Le 20 août 1153, à neuf heures du matin, Bernard quitta la terre.

Il était âgé de soixante-trois ans.

Son corps reçut la sépulture à l'abbaye de Clairvaux.

Sa mort couvrit la chrétienté d'un deuil universel.

Regretté des nobles, des bourgeois et du peuple, les femmes le pleurèrent.

Mort de saint Bernard.

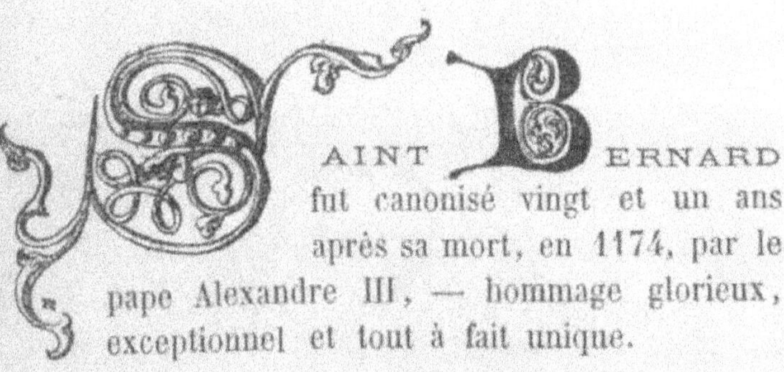

SAINT BERNARD fut canonisé vingt et un ans après sa mort, en 1174, par le pape Alexandre III, — hommage glorieux, exceptionnel et tout à fait unique.

Ce grand homme, par sa puissante intelligence, par sa vaste érudition enrichie d'un esprit charmant de poésie, par son éloquence irrésistible, par sa sagesse exemplaire et la clairvoyance de son jugement, exerça une heureuse influence sur la civilisation entière. Non-seulement il éteignit les néfastes hérésies; il opéra une complète réforme dans le clergé d'alors qui subissait les fâcheux effets des coutumes encore barbares; non-seulement il fut digne d'être le conseiller des papes et des rois, mais il fut le pacificateur des peuples et contribua énormément à leur affranchissement. Il prépara le siècle de saint Louis, refoula et arrêta l'islamisme et jeta les fondements de la société moderne. Il fut un rempart contre l'impiété et la corruption des mœurs comme les

Reproduction d'un vitrail provenant de l'ancienne église de Fontaines et datant de l'origine de la peinture sur verre (seul emploi d'un sel d'argent comme coloration jaune pénétrante); ce vitrail, conservé dans la collection du Dr Frédéric Lépine, de Dijon, offre le triple intérêt du portrait de saint Bernard, de sa tenue d'Abbé et de la représentation, la seule connue aujourd'hui, de l'ancien château où naquit le Saint.

croisades avaient été une digue contre les sarrasins. Aujourd'hui, grâce aux valeureux efforts des croisés, l'islamisme n'est plus à redouter, mais le monde civilisé a besoin de voir renaître un imitateur du puissant saint Bernard pour refouler l'athéisme et les idées corruptrices qui envahissent, qui étouffent chaque jour de plus en plus l'univers entier!

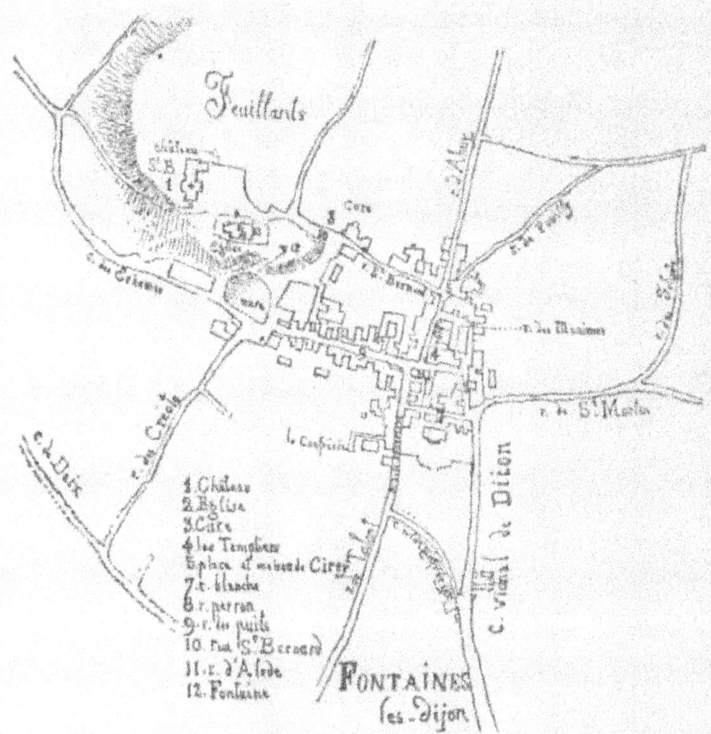

Plan de Fontaines.

Le berceau de saint Bernard inspira à toute la chrétienté des sentiments de pieuse reconnaissance, qui se traduisirent à travers les siècles par des pèlerinages annuels.

Les ducs de Bourgogne se firent un honneur d'agrandir l'église de Fontaines-les-Dijon et de créer une chapelle dans la chambre natale que vénéraient les nations chrétiennes, parmi lesquelles l'Allemagne, qui possède encore beaucoup des monastères de la règle de Clairvaux établis par saint Bernard lui-même, se distingua toujours.

Les princes, les villes, les abbayes, les corporations voulurent s'associer à l'hommage rendu par le souverain ; et lors de la construction de la chapelle, *cent trente-trois* pierres portant chacune une inscription votive, furent solennellement destinées à former les fondations de l'édifice. Voici une reproduction des principales de ces dédicaces :

Ludovici XIII. Francorum et Navarræ Regis Christianissimi, mandato, et nomine, serenissimæque ejus Conjugis ANNAE AVSTRIACAE, AEDIS *sacræ D. O. M. in honorem* S. BERNARDI *(cujus fælici ortu, signisque patentibus, hunc sibi divina clementia collem sanctificavit) construendæ, D. D. Rogerius de Bellegarde, totius Burgundiæ a Rege moderator meritissimus, Galliarum Hipparchus, etc. Hunc Capitalem Lapidem devotissimus posuit, die sexta Ianuarii, anno salutis 1619.*

SERENISSIMAE REGINAE MARIÆ MEDICIS, MATRIS CHRISTIANISSIMI REGIS LVDOVICI XIII, *in S. Bernardum, eo quod cum ab adventu suo ad Regium thalamum (uti coniux gloriosæ memoriæ* HENRICI MAGNI) *sub voto prolis meritis dicti Sancti obtinendæ, eidem Parisiis cum Rege ipso, solemnem impendisset honorem, consequenter sibi fæcunditas, qua nulla fælicior considerari potuit, concessa fuerit, Augusta et munifica devotio.*

ALMAE DIVIONIS, *totius provinciæ Metropoleos in S. Bernardum, quem suum continuo aspicit, colit, et invocat tutelarem, Familiaris et medullita devotio.*

PROVINCIAE BVRGVNDIAE, *in suum totius decoris et sanctitatis solem S. Bernardum, cuius pietatis et doctrinæ radiis toto orbe honorifica splendet, Pretiosa teneraque devotio.*

PROVINCIAE FRANCIAE, *Lutetiæ maxime Regiæ civitatis in S. Bernardum, quem magnalia Dei loquentem, et operibus exhibentem, Spiritu Sancto cooperante, sæpius videre meruit, Decora et suavis devotio.*

OMNIVM ORDINVM MILITANTIVM EQUITVM *in S. Bernardum, quem ut in Militia spirituali ducem, ita de Militia temporali in Deum ordinanda, præcepta et regulas dantem omnes religiose audiunt et suscipiunt, Strenua devotio.*

Des peintres, Murillo entre autres, rappelèrent avec talent les divers épisodes de la vie de saint Bernard. Le tableau de la cathédrale de Constance, représentant le Saint recevant les gouttes de lait de la sainte Vierge, jouit d'une célébrité méritée. La gravure, la photographie reproduisent souvent le chef-d'œuvre de Cornélius, qui a peint dans la cathédrale de Spire la scène mémorable de la remise par saint Bernard de l'oriflamme de la croisade à l'empereur Conrad. Les portraits très anciens de saint Bernard et de sa sœur *Humbeline*, provenant de l'abbaye de Citeaux, dont le Saint porte le premier costume, sont conservés dans l'église de Serrigny-sous-Beaune.

Le peintre bourguignon *Lécurieux* a orné le chœur de la cathédrale Saint-Bénigne de Dijon, de deux tableaux de cette belle vie; et lorsque la ville de Dijon pensa à rendre un hommage

Statue de saint Bernard, à Dijon.

tardif au grand Saint, elle confia au talent du sculpteur dijonnais, *Jouffroy*, de l'Institut, l'exécution de la statue en bronze de saint Bernard qui décore la place portant ce nom.

Une confrérie de Saint-Bernard, instituée en 1653, dura jusqu'à la Révolution : elle avait son siége dans une belle propriété qui existe à l'entrée du village, à gauche de la rue dite encore de la Confrérie : le neuvième statut du règlement de cette association porte : « *Les confrères auront* » *une charité très particulière les uns avec les* » *autres, et quand ils en sçauront quelqu'un en* » *nécessité ils le soulageront autant qu'il leur sera* » *possible : prieront Dieu les uns pour les autres* » *et se visiteront dans leurs maladies.* »

Après la tourmente révolutionnaire, le culte légendaire de la Bourgogne ramena une foule de pèlerins heureux de célébrer en commun l'Octave de la fête du Saint, du 20 au 27 août.

Croix du cimetière de Fontaines (XVe siècle).

RAPPORT DE L'ARCHITECTE NOGARET

SUR LA

Reconnaissance et l'estimation de l'Eglise et du couvent des Feuillants de Fontaines-les-Dijon.

R. le 18 juillet 1791.
45 aff.
art. 7.

En vertu de la Commission donnée à moi, *Nogaret,* architecte, par MM. les administrateurs du Directoire du District du département de la Côte-d'Or, séante à Dijon, à l'effet de reconnaitre et estimer les bâtiments, l'Eglise et enclos de la maison conventuelle des ci-devant feuillans, à Fontaines-lès-Dijon, de la séance du 21 juin matin 1791.

Ce faisant qu'après avoir prêté le serment requis par devant M. le Rouge, juge de paix de la section des ci-devant Carmes le 25 du même mois pour ensuite faire les opérations ci-après.

Art. 1er. — M'étant transporté sur les lieux contentieux où je requis le ci-devant religieux habitant encore la maison de vouloir bien me donner une personne pour me servir d'indicateur, ce qu'il a bien voulu faire lui-même, et je reconnus ce qui suit :

Que l'Eglise a de longueur depuis le renfoncement du Maître-Autel jusque contre l'appui du cœur des ci-devant moines, 62 pieds sur 26, que le cœur a de longueur 23 pieds sur 17 de large, le tout en très bon état.

J'ai ensuite reconnu que dans cette même église, il y avait huit entablements qui soutenaient huit trompes qui portaient des voussures de St Antoine, rehaussé par dessus en cul de four, avec consolle joliment ornée, que ces entablements sont portés par, chacun, deux colonnes de 7 pieds de hauteur, compris base et chapiteaux corinthiens, dont les d. colonnes sont au nombre de 16 savoir 10 de marbre noir et 6 en marbre rance de Flandre, les baze et tors sont en marbre blanc jaspé et les chapiteaux en albâtre bien traité (*).

J'ai reconnu ensuite que le tout pouvait s'enlever sans causer aucun dommage dans les constructions, attendu que les entablements prennent toute l'épaisseur des 6 pilliers qui forment les six arcs de triomphe dans lesquels, à la droite du cœur, il y a 3 chapelles et les autres à gauche servent d'entrée avec des tribunes au-dessus ;

Je reconnus ensuite qu'au maître-autel il y a un

(*) De ces colonnes, quelques-unes furent transportées à l'église d'Echalot, deux à la cathédrale de Dijon, et deux dans l'atelier d'un sculpteur à Dijon.

baldaquin charmant en bois doré et décoré soutenu par quatre colonnes de marbre de Flandre superbe, les bazes et chapiteaux corintiens sont en bois doré, les pieds d'estaux et gradin sont en bois mis en couleur de marbre. Le tombeau qui est à la romaine est également peint en couleur de marbre, le tout bien entretenu et en bon état.

La menuiserie des stalles du cœur des ci-devant religieux est en mauvais état faute d'avoir été entretenue; le cœur est fermé par un appui enferré fesant face au grand autel;

Art. 2. — Je me suis transporté ensuite à la sacristie où je reconnus qu'elle avait de longueur 23 p. sur 10 p. de large; cette sacristie est voutée, le tout en bon état; pour arriver aux tribunes et à un appartement qui est au-dessus de la sacristie, l'escalier est en bois, à deux rampes et en fort bon état.

La chambre au-dessus est à deux alcôves, il y a une cheminée de pierre polie, la couche décorée en plâtre, une platine, le tour de cette chambre est décoré d'une hauteur d'appui en bois de sapin peint à trois couches gris-bleu, de même que les alcôves; dans les deux angles du côté de la croisée, il y a deux encoinures prises dans le bâtis de la hauteur d'appui; au côté opposé, il y a deux portes vitrées, l'une formant un tambour pour entrée dans la chambre et l'autre formant une garde-robe, le tout en très bon état.

Au-dessus de cette chambre est un grenier; pour arriver à ce grenier, il faut traverser le corridor des tribunes qui est en bon état, vous gagnez l'escalier qui descend à l'église et monte ou dessert les greniers qui sont sur l'Eglise et le cœur; l'escalier et le passage des clochers, de même que le corridor sont en mauvais état; les planchers sont détruits en partie. — Le grenier sur l'église est beau, bien plafonné, décoré d'un blason des ducs de Bourgogne, avec corniche et frise décorées en trigliffe et entre les trigliffes des fleurs de lys; à chaque bout il y a deux caissons dont les plâtres sont tombés et les bois m'ont paru pourris; le pavé est en cadettes bien taillées et placées en compartiments; il est aussi propre que s'il venait d'être fait; les croisées et la porte sont en vétusté.

J'ai passé ensuite à un autre grenier donnant sur le cœur et une partie de l'Eglise, ce grenier est plafonné mais tout uni et mauvais en différents endroits; c'était autrefois une chambre, attendu que l'on a masqué une cheminée qui parait aujourd'hui; les croisées tombent en vétusté.

Je passai ensuite dans un autre corridor qui est en mauvais état. Je gagnai un des grands escaliers qui conduit au dortoir qui a de longueur 152 p. sur 22 p. de large. Le plancher est assez bon, à cela près de quelques planches bombées, le pavé ainsi que les murs sont en bon état; il y a dans le dortoir du côté du levant une séparation de la longueur de 14 pieds sur 10 p. 6 pouces de largeur; cet endroit dessert les latrines et un escalier qui est aussi beau que l'autre. — J'ai passé ensuite sur les planchers du dortoir et j'ai reconnu que les tirans traversaient d'un bout à l'autre; sur lesquels tirans il y a une potence qui porte les fermes, elles sont au nombre de treize; cette charpente est composée selon l'art et en bon état à cela près d'un tiran qui a menacé et qui est soutenu par un lien en fer. Le plancher au-dessus du dortoir est garni en terre

Il y a dans ce même dortoir onze cellules de 10 p. 6 pouces sur 11 pieds, lesquelles sont en bon état; leur aspect est sur le jardin.

Art. 3. — Je me suis ensuite transporté au rez-de-chaussée où j'ai reconnus la salle et refectoire ensuite, de même que la cuisine, ce qui a tout la même longueur et largeur que le dortoir, toutes les voûtes en arrête et les murs sont dans le meilleur état possible, la porte qui sépare la salle du chapitre du réfectoire est en mauvais état.

Art. 4. — Je passai ensuite à la cave par un large et beau escalier, l'un et l'autre sont dans le meilleur état possible; cette cave peut contenir au moins 60 pièces de vin.

Art. 5 — Je passai ensuite au cloître qui est de la même longueur que le dortoir, mais comme dans l'entrée d'un bout il y a un parloir et à l'autre est pratiqué l'escalier, ce qui fait qu'il n'a que 122 pieds sur 10 p. 6 pouces.

Le jardin parterre qui est devant le cloître a de longueur 152 p. sur 116 p. 6 pouces de large, fort bien emplanté d'espaliers et distribué en panneaux en bouis assez mal en ordre actuellement faute d'être cultivé.

Art. 6. — J'ai passé ensuite à l'autre escalier donnant du côté de l'église, cet escalier quoique antique et fait en rampe droite a son mérite, et est en bon état; dessous lequel j'ai reconnu que l'on a ménagé comme une espèce de fruitier fermé en planches; au passage du parloir à l'entrée du cœur, il y a une cour de 36 pieds de long sur 27 de large remplie d'herbes jusqu'à la hauteur du genou.

Art. 7. — J'ai ensuite reconnus dans le cœur un caveau qui a la même espace où il y a de quoi contenir 20 pièces de vin, il paraît bien voûté et très frais.

Art 8. — J'ai monté le petit escalier traversant un corridor, le plancher, les pavés sont dans un très bon état ainsi que les croisées. Du côté du couchant il y a une salle de compagnie qui a 18 pieds 6 pouces sur 14 pieds de large; la hauteur d'appui est boisée et peinte à trois couches de même que le buffet qui est une partie enfoncée dans le mur, l'autre côté, vis-à-vis le buffet, il y a une cheminée de pierre polie, la couche ornée en plâtre et garnie d'une platine.

En suite de cette salle est une salle à manger de la longueur de 18 pieds sur 12 p. de large, il y a également une cheminée de pierre polie et la couche ornée en plâtre, garnie également d'une platine; le tout en bon état.

J'ai reconnus à la suite de cette salle à manger, une cuisine ayant de longueur 24 p. sur 14 p. pavée en cadettes et plafonnée en lambris de sapin. Le tout en bon état. Dans cette même cuisine il y a une cheminée qui fait poële dans un garde-manger qui est très joli et en bon état. A côté de cette même cheminée est un four pour cuire ; devant la croisée il y a un potager de 6 trous, au côté opposé il y a une fort belle pierre d'évier.

Art. 9. — Je me suis transporté ensuite dans une cour qui conduit au pressoir où j'ai reconnu un hangard de la longueur de 38 pieds sur 13 p. Dans un des bouts est le pressoir et dans l'autre est un genillier et par derrière un bûcher ; le pressoir et l'apandice sont en mauvais état ; au milieu du hangard *il y a un puits creusé dans le roc que l'on dit avoir 88 pieds de profondeur* auquel il y a un tour pour tirer de l'eau.

La cour a également 38 pieds sur 13 p.

J'ai passé ensuite sur une terrasse qui compose un jardin potager ayant de longueur 133 pieds sur 103 pieds; à peu près au milieu du potager, il y a une citerne qui contient 1728 pieds cubes d'eau : cette citerne est garnie de trois barreaux de fer agraffés à trois des margelles, arrêtés par un couronnement auquel est attaché un crochet pour y adapter la poulie qui est en cuivre, à laquelle il y a une chaîne et deux seaux ; à côté de cette citerne il y a une auge de pierre d'Is-sur-Tille ayant de longueur 4 pieds sur 2 p. 6 pouces et sur 2 p. de hauteur. Le tout en bon état.

Le jardin est emplanté en différentes places, d'arbres : les quarrés sont formés par des allées spatieuses et plantées en buis.

Art. 10. — Je me suis ensuite transporté vers un petit bâtiment où logeait le vigneron... Cette maison attenant à l'église du côté du midi est composée de deux étages et d'un grenier, dans le rez-de-chaussée, il y a une chambre à four, une écurie à vaches et une place assez considérable pour l'emplacement de l'escalier; par derrière ledit escalier il y a une espèce de caveau; la longueur de ce bâtiment dans œuvre est de 24 pieds sur 18 p. 6 pouces.

Le premier étage est composé d'une chambre et d'un cabinet éclairés chacun par une croisée, le tout en fort bon état; le dessus de même; le grenier qui est à côté est au-dessus de la sacristie; l'escalier est en bois, éclairé du côté du levant par deux croisées, le tout en bon état, hors le rez-de-chaussée qui n'est point pavé.

Art. 11. — Je me suis transporté ensuite à la muscarienne où j'ai reconnus un verger bien emplanté d'arbres; cette muscarienne est exposée au midi et forme un Larey. — Je me suis transporté à un autre verger donnant du côté du nord de la maison, que je reconnus être emplanté de jeunes arbres de toutes espèces, espassés également et fesant allées de tout par le sol de ce verger et un sainfoin usé.

Dans le revers de ce verger sont des broussailles où il se trouve des arbres noyers et autres; tout le pourtour de ces broussailles forme terrasse et fait le plus bel aspect possible.

Dans le bas de ce clos est un sol excellent de terres labourables — Ces terres contiennent environ dix-huit journaux et à peu près au milieu il y a un puits garni de quatre margelles.

J'estime que le clos contient en tout vingt et un journaux environ, le tout bien clos de murs en assez bon état, ayant deux grandes portes pour les desservir, lesquelles sont aussi en bon état.

Après avoir bien examiné le plus scrupuleusement possible les parties désignées dans mon procès-verbal et d'après mes toisé et arpentage, *j'ai estimé le tout valoir la somme de treize mille livres* selon mes lumières et connaissances.

En foi de quoi, j'ai dressé le présent rapport ce jour d'huy 16 juillet 1791, ayant occupé pour le susdit trois journées et me suis soussigné.

NOGARET.

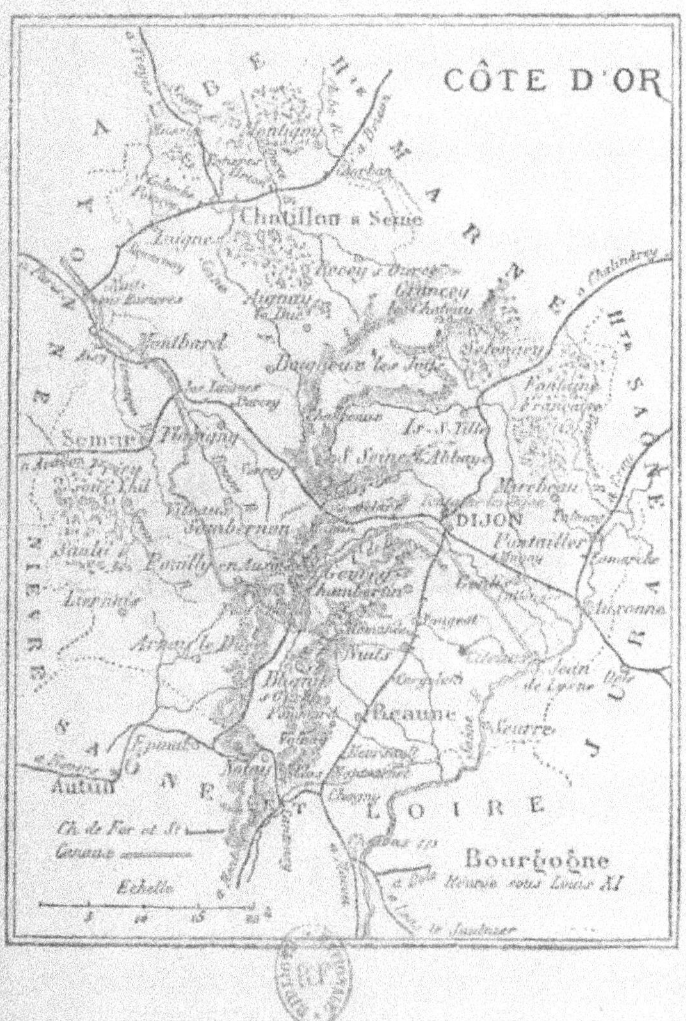

CÔTE D'OR
Chatillon s Seine
Montbard
Semur
DIJON
Sombernon
Nuits
Beaune
Seurre
Auxonne
Autun
LOIRE
Ch. de Fer et St
Canaux
Echelle
Bourgogne
Réunie sous Louis XI

IMP. JOSARD.

bien est la

www.ingramcontent.com/pod-product-compliance
Ingram Content Group UK Ltd.
Pitfield, Milton Keynes, MK11 3LW, UK
UKHW021555260726
13993UKWH00002B/844

9 782329 212166